틴~꿈 십대성경공부 | 성경개관 시리즈 1

성경,
한눈에 쏘옥~

성경파노라마 구약1

이대희 지음

엔크리스토
ENCHRISTO

인생의 기초를 성경으로 다져라

십대는 두 번 다시 돌아갈 수 없는 인생에서 귀한 시기입니다.
앞으로 인생을 살아가는 데 있어 기초를 다지는 시기로, 십대를 어떻게 보내느냐에 따라 인생이 달라집니다.

우리가 사는 세상에는 십대를 유혹하는 잘못된 문화와 가치관들이 너무 많습니다.
세상에 물들지 않고 성경적 가치관과 하나님의 나라를 꿈꾸며 살아갈 수 있는가 하는 것은 모든 십대뿐 아니라 십대를 지도하는 부모와 교사들이 갖는 중요한 관심사입니다.

십대들을 영원히 지켜줄 수 있는 것은 오직 말씀입니다.
이 시기에 하나님의 말씀으로 얼마나 무장하느냐에 따라 미래의 삶이 결정됩니다.
성경으로 인생의 기초를 다지는 일은 그 어떤 일보다 중요한 일입니다.

틴~꿈 십대성경공부 시리즈는 성경 자체를 배우면서 십대의 삶을 가꾸는 내용으로 구성되었습니다. 일차적으로 성경개관을 통하 성경 전체의 맥을 잡고, 그 다음으로 구약성경책과 신약성경책을 통해 십대에 관계된 성경의 각권을 선택하여 공부하도록 했습니다.
자매 시리즈인 아름다운 십대 성경공부 시리즈와 함께 연결하여 사용하면 균형 있는 교과과정이 됩니다.

아무쪼록 이 성경공부 교재를 통해 성경적 비전을 품고 말씀과 일치를 이루는 하나님의 사람으로 자라나길 기도합니다.
오직 주님께 영광을…….

이대희

틴~꿈 십대성경공부 시리즈 교재의 특성

1_ 십대들이 꼭 알아야 할 핵심내용과 성경적인 가치관과 세계관을 정립하는 성경공부입니다.

2_ 귀납적 형태를 띤 이야기대화식으로 탐구능력을 키우고 생각을 점차 열리게 하는 흥미로운 성경공부입니다.

3_ 자유로운 토의와 열린 대화를 활발하게 하는 소그룹에 적합한 성경공부입니다.

4_ 영적 사고력과 해석력, 분별력을 키우면서 스스로 적용능력을 점차 극대화시켜 주는 성경공부입니다.

5_ 본문중심 성경공부로, 성경이야기 속으로 빠져들어 말씀의 성육신을 경험하는 성경공부입니다.

6_ 흥미와 재미를 유도하는 주제로 구성되어 있고, 모두가 쉽게 참여하면서 영적 깊이와 변화를 체험하게 하는 전인적인 성경공부입니다.

7_ 성경공부를 통하여 자연스럽게 학과공부와 전인교육에 필요한 논술력, 사고력, 상상력, 창의력, 응용력을 함께 계발시키는 성경공부입니다.

8_ 분반공부와 제자훈련 등 시간(30분, 1시간, 1시간 30분)을 탄력적으로 운영하며 사용할 수 있는 성경공부입니다.

9_ 15년 동안 준비하고 실험한 성경공부 사역 전문가에 의하여 검증된 효과적인 공부 방법과 총체적이며 전인적인 교과과정이 체계적으로 구성된 신뢰할 만한 성경공부입니다.

틴~꿈 십대성경공부 시리즈 전체 양육과정표

'틴~꿈 십대성경공부 시리즈'는 1년 단위로 5권씩 3년동안 성경 전체의 내용을 핵심적으로 다루도록 구성되었습니다. 1년차는 성경 파노라마를 통해 성경의 맥과 개관을 다룹니다. 그리고 구약책과 신약책 중에서 십대에 맞는 책을 선택하여 집중적으로 유형별로 균형 있게 공부하도록 했습니다. 십대 시기에 성경의 맛을 직접 느끼게 함으로써, 앞으로의 삶 속에서 성경을 계속 배우고 실천하는 데 도움을 주는 방향으로 내용을 구성했습니다. 십대를 마칠 때는 적어도 성경의 중요한 맥과 뼈대를 잡고, 성경의 내용을 각권별로 조금씩이라도 살아 있는 말씀으로 경험한다면 평생동안 말씀과 함께 사는 데 큰 도움이 될 것입니다.

	성경개관 시리즈	구약책 시리즈	신약책 시리즈
1권	**성경파노라마 - 구약1** 성경, 한눈에 쏘옥~	**창세기** 인생의 뿌리, 꽉- 잡아라	**누가복음** 최고의 멘토, 예수님을 만나라
2권	**성경파노라마 - 구약2** 성경, 한눈에 쏘옥~	**에스더** 영적 거인, 빼- 닮아라	**로마서** 내 안의 복음 발전소
3권	**성경파노라마 - 구약3** 성경, 한눈에 쏘옥~	**다니엘** 나는 바이블 영재!	**사도행전** 글로벌 증인이 되어라
4권	**성경파노라마 - 신약1** 성경, 한눈에 쏘옥~	**잠언** 지혜가 최고야!	**빌립보서** 기쁨을 클릭하라
5권	**성경파노라마 - 신약2** 성경, 한눈에 쏘옥~	**전도서** 어, 인생이 보인다!	**요한계시록** 인생 승리, 폴더를 열어라

- 각 과는 10과 내외로 구성되어 있으며, 3년 과정으로 중고등부가 모두 사용할 수 있습니다. 각 교회 상황에 따라 순서에 상관없이 책을 자유롭게 선택하여 사용 가능합니다. 과정을 계속 이어가기를 원하면 "아름다운 십대 성경공부 시리즈"(3년차)와 연관하여 사용할 수 있습니다.

차례

머리말 _2

틴~꿈 십대성경공부 시리즈 교재의 특성 _4

틴~꿈 십대성경공부 시리즈 전체 양육과정표 _5

성경 전체 지도 _7

성경 여행 조감도 _8

성경 여행 지도 _9

1. 창조 _11
2. 타락 _17
3. 심판 _22
4. 바벨탑 _27
5. 아브라함의 약속 _33
6. 불신 _38
7. 아브라함의 이삭 시험 _43
8. 야곱과 이스라엘 _48
9. 요셉의 꿈 _55
10. 노예생활 _63
11. 출애굽 _68

■ 성경 전체 지도 ■

창조시대—족장시대—출애굽시대의 파노라마

(창세기~출애굽기 18장)

창세기 1-11장
창조시대
"시작"

- 1. 창조
- 2. 타락
- 3. 심판
- 4. 바벨탑

창세기 12-50장
족장시대
"선택"

- 5. 아브라함의 약속
- 6. 불신
- 7. 아브라함의 이삭 시험
- 8. 야곱과 이스라엘
- 9. 요셉의 꿈

출애굽기 1-18장
출애굽시대
"구원"

- 10. 노예생활
- 11. 출애굽

■ 성경 여행 지도 ■

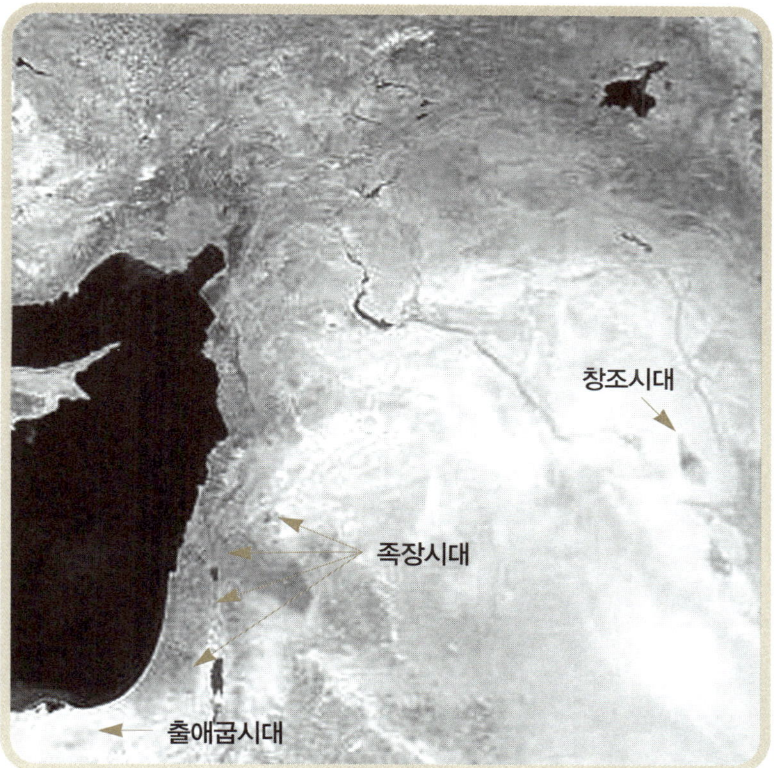

■ 한눈으로 보는 창조시대 (창세기 1-11장)

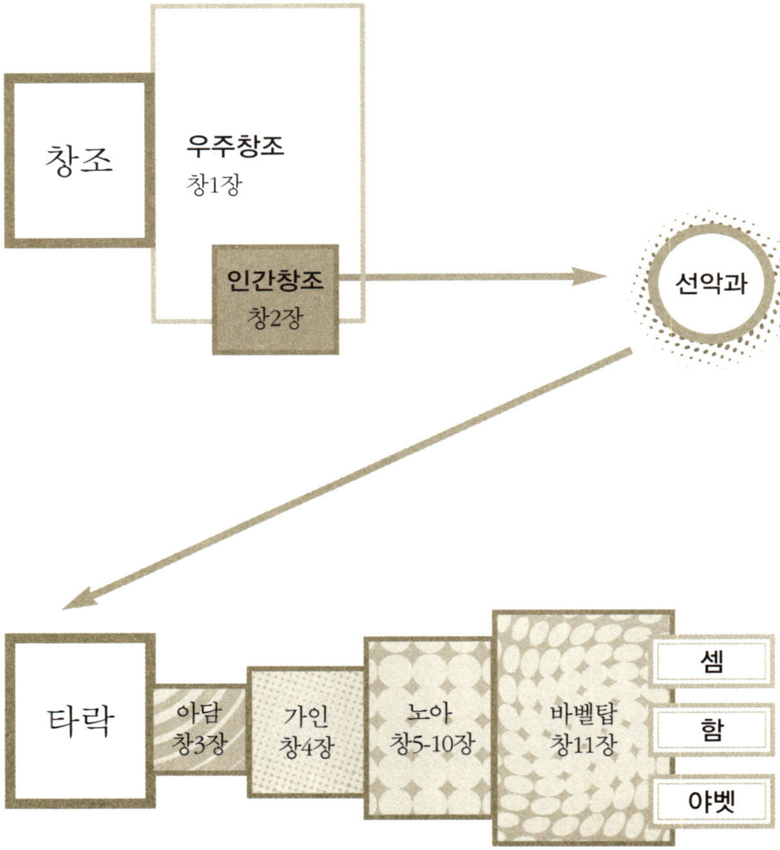

01

창조

중심인물 : 아담과 하와

이 세상은 처음에 어떻게 만들어졌을까요? 오래전부터 사람들은 우주의 근원에 대해 늘 궁금해 했고 그것을 알려고 했습니다. 철학·과학 등이 인간과 우주의 시작을 찾고는 있지만 여전히 의문투성이입니다. 어디에서도, 누구도 감히 말하지 못하는 신비로운 세상의 근원에 대한 이야기를 성경은 분명하게 말하고 있습니다.

1 창조주체

- 이 세상은 누가 만들었습니까?

—창1:1

____

____

Tip 세상이 어쩌다 보니 우연히 생겼다구요? 아닙니다. 하나님은 분명한 목적을 가지고 창조했습니다. 정확한 질서 속에서 세상이 움직이는 것이 이를 분명히 증명합니다.

2 창조방법

- 하나님은 이 세상을 만드실 때 무엇으로 만드셨습니까?
  창1:3, 6, 9, 11, 14, 20, 24, 26에 나오는 공통적인 구절은?

____

____

- 신약성경은 천지창조에 대해서 무엇이라 말씀하고 있습니까?

—요1:1; 히1:1

____

____

Tip "이렇게 아름다운 세상은 어떻게 만들어졌으며, 그리고 인간은 어떻게 창조되었는가?"

이 질문은 인간이 할 수 있는 질문 중 최고의 질문입니다. 사실 모든 것은 이 질문의 해답에서 시작됩니다. 만약 이것이 애매모호하거나 의문이 생긴다면 그로부터 모든 것은 어그러진다고 보면 됩니다. 이것에 대한 확신이 없는 인생은 마치 모래 위에 지어진 집과 같습니다. 세상이 과연 우연으로 생긴 것인가? 아니면 분명한 목적 속에 창조되었는가? 어느 것을 믿느냐에 따라 삶은 완전히 달라집니다. 나는 이 우주를 보면서, 어떤 생각을 하며 살아가고 있습니까?

3 인간의 창조시기

● 인간은 언제 만들어졌습니까?

—창1:26-27, 30

Tip 하나님이 인간을 처음이 아닌 마지막에 만든 이유는, 하나님이 창조한 모든 것을 관리하고 다스리게 하기 위함입니다. 하나님의 대리자로서 책임을 감당하기 위해서입니다. 하나님이 만드신 세상의 만물 중에서 인간보다 더 중요한 존재는 없습니다.

4 창조를 마친 후 하신 일

● 하나님은 창조의 마지막 날인 일곱째 날에 무엇을 하셨습니까?

—창2:1-3

Tip 일은 안식을 위해서 존재합니다. 안식이 없다면 일하는 것은 피곤합니다. 그래서 하나님은 믿는 사람에게 영원한 안식을 주셨습니다. 얼마나 놀라운 축복입니까? 세상일이 아무리 힘들어도 천국에서 하나님과 함께하는 영원한 안식을 생각하면 어떤 어려움도 이길 수 있습니다.

5 하나님의 최초 명령

● 하나님이 인간에게 내린 최초의 명령은 무엇입니까?

—창2:15-16

Tip 우리가 사는 이 세상은 하나님이 보시기에도 심히 아름다운 세상(창1:31)입니다. 하나님이 세상을 만드신 방법은 무(無)에서 유(有)의 창조입니다. 오직 말씀 한마디로 이 세상을 만드신 하나님의 창조 솜씨에 대해서 우리는 더 이상 할 말이 없습니다. 오늘도 어김없이 하나님의 창조 역사는 말씀을 통하여 계속되고 있습니다. 처음 세상을 만드신 그 방법으로 말입니다. 하나님은 말씀을 사랑하고 지키며, 그 말씀에 순종하는 자를 통하여 새 역사를 이루십니다. 하나님의 말씀을 어기는 것은 창조의 섭리를 거역하는 가장 큰 죄악입니다.

창1-2장에 나오는 창조 이야기 그림표

	나눔 (나누사)		채움 (있으라)
첫째 날	낮과 밤	넷째 날	해, 달, 별
둘째 날	하늘과 바다	다섯째 날	새, 물고기
셋째 날	땅과 식물	여섯째 날	동물, **사람**
일곱째 날	안식하심		

선악과 ← 관리자 →

인간창조	남자	여자
창조목적	1. 생육하라	2. 충만하라
	3. 정복하라	4. 다스려라

말씀과 삶

1. 이 세상과 나는 하나님의 창조 작품임을 믿습니까? 아직 미심쩍은 점이 있다면 그것은 무엇입니까?

2. 말씀으로 만들어진 인간은 당연히 말씀에 따라야 할 존재입니다. 나는 말씀을 듣고 지키며 순종하는 삶에 얼마나 익숙합니까?

—생육하고 번성하라

—충만하라

—정복하고 다스려라

02

타락

중심인물 : 아담, 하와, 가인, 아벨

하나님이 만드신 아름다운 세상이 어떻게 파괴되었으며, 어쩌다 세상이 현재의 이런 모습으로 변했습니까? 이 세상은 아름답기보다는 추악하고 눈물과 고통이 많으며, 사람들은 사랑하기보다는 서로 미워하고 죽이며 욕심에 사로잡혀 삽니다. 어찌하여 이 세상이 이렇게 힘들게 되었습니까? 사람들은 그 이유를 알지 못합니다. 그러나 성경은 인간의 타락 원인과 그 해답을 분명히 밝히고 있습니다. 처방을 하려면 먼저 원인을 알아야 합니다. 인간의 죄가 어디서 왔는지 모르기에 사람들은 그 해결점도 찾지 못하는 것입니다.

1 죄의 시작

● 여자를 누가 유혹했으며, 어떻게 유혹했습니까?

—창3:1, 4-5

Tip 사탄은 뱀으로 위장하여 인간으로 하여금 하나님의 말씀을 의심하게 만들었습니다. 인간에게 자기가 주인이 되는 교만을 심어 줌으로써, 결국 자기가 하나님이 되는 결과를 초래하였습니다. 죄를 지은 인간은 하나님의 말씀을 의지하여 생각하기보다는 자기생각이 중심이 되어 모든 것을 계획하고 실행하는 불행한 존재가 되었습니다. 현재도 역시 인간들은 모든 것을 하나님께 묻고 행하기보다는 자기 스스로 생각하고, 계획하고, 모든 일을 결정하며 살아갑니다. 인간은 자기가 하나님의 위치에서 결정하며 살게 되었고, 이제는 더 이상 하나님의 존재를 필요로하지 않게 되었습니다.

2 인간의 반응과 행동

● 여자는 뱀의 유혹에 어떻게 반응했으며, 그 결과는 어떠했습니까?

1) 반응

—창3:3, 6

2) 달라진 행동

—창3:7-8, 12

3) 죄의 형벌

—창3:14-19

3 죄의 결과

- 에덴동산에서 인간은 죄로 인하여 쫓겨났습니다. 인간은 이제 다시 그곳으로 갈 수 없는 불행한 신세가 되었습니다. 인간은 죄를 지음으로 인간에게 가장 중요한 하나님의 선물을 다시는 찾을 수 없게 되었는데, 그것은 무엇입니까?

—창3:22-24

Tip 죄의 결과는 생각보다 무섭습니다. 사람들은 죄를 대수롭지 않게 생각합니다. 우리는 죄의 심판을 보면서 하나님이 분명히 계심을 확신하게 됩니다.

4 형제 살인

- 인류 최초의 살인은 같은 형제끼리 일어났습니다. 그들이 누구인지 말해 보고, 왜 그런 일이 일어났는지 말해 보십시오.

—창4:1-8

Tip 타락한 인간에게 찾아온 것은 실로 엄청난 아픔이었습니다. 인간은 하나님과 교제가 끊어진 순간부터 불행한 일들을 겪었습니다.

1) 자기 합리화 / 교묘히 하나님의 말씀을 변조하여, 자기에게 맞게 고쳐서 사용하는 합리화 행동이 생겼습니다.
2) 불안과 공포 / 하나님을 똑바로 쳐다보지 못하며 숨어 다니는 행동이 시작되었습니다.
3) 책임 전가 / 모든 죄의 잘못을 남에게 돌리는 자기변명이 생겼습니다.
4) 인간의 불화 / 하나님과 사이가 벌어짐으로 해서, 서로 하나 된 아담과 하와가 서로에게 책임을 전가하며 둘 사이에 불화가 생겼습니다.
5) 저주와 고통 / 식물들이 저주를 받음으로 인간의 땀을 요구하였고, 해산의 고통으로 인간은 태어나면서부터 고통을 겪었습니다.
6) 영생 상실 / 영원히 살 수 있는 축복을 빼앗기고 죽게 되었습니다.
7) 질투와 살인 / 서로 사랑하는 형제가 이제는 서로 질투하며 죽이는 원수관계가 되었습니다.

아담과 가인의 죄는 계속 인류 속에 들어와 인간의 삶을 지배했습니다. 이것은 오늘날 우리에게도 역시 동일하게 나타나고 우리를 괴롭히고 있습니다. 이것을 해결할 길은 오직 하나, 하나님께로 돌아가는 것이요, 우리의 잘못을 회개하며 말씀에 따르는 생활을 하는 것입니다.

말씀과 삶

1. 오늘날 하나님의 말씀을 듣고도 어김없이 불순종하는 타락한 인간의 모습과 나의 모습을 찾아보십시오.

2. 계속하여 나를 괴롭히는 죄의 결과들에서 해방되는 길을 말해 보십시오.

03

심판

중심인물 : 노아

인류의 조상 아담과 하와는 하나님의 명령을 어김으로 타락의 길로 들어섰고, 그로 인해 형 가인이 동생 아벨을 죽이는 비극이 일어났습니다. 이렇게 시작된 인간의 죄는 계속되어 이제는 하나님이 보시기에도 부끄러울 정도로 모든 생각과 행위가 사악해졌습니다. 인간의 죄가 점점 장성하면 결국 인류는 멸망하게 됩니다. 죄를 저지른 인류에게는 하나님의 준엄한 심판이 일어납니다.

1 하나님의 마음과 생각

● 인간의 극심한 악을 보시고 하나님은 인간에 대해서 어떻게 하기로 작정하셨습니까?

—창6:5-7

Tip 악은 또 다른 악을 낳습니다. 인간의 악이 얼마나 번성하였으면 하나님이 땅위에 인간을 지으셨음을 한탄하시고 근심하셨을까요? 한 번 하신 일에 대해서 후회함이 없으신 하나님이 후회하셨다는 것은 인간의 악함이 얼마나 극에 달했는지를 알 수 있습니다. 결국 인간은 스스로 자멸하는 길을 택하게 되었습니다. 인간의 악함이 항상 악했다는 것은 당시 인간의 죄의 모습을 잘 말해 주는 부분입니다.
우리는 어떤 경우에도 결코 하나님을 슬프게 하면서 잘될 수는 없습니다. 인간의 살길은 하나님을 민감하게 의식하면서 사는 길 이외에는 없습니다. 혹시 나를 보고 하나님이 이런 한탄을 하고 계시는 건 아닌지 생각해 보아야 할 것입니다.

2 구원 계획

● 인간의 죄악 가운데서 오직 한 사람의 의인을 구원하시는데, 어떻게 구원하셨습니까?

—창6:9-20

Tip 하나님의 심판은 구원을 위한 심판입니다. 하나님은 인간을 심판하기 전에 이미 구원 계획을 갖고 계셨습니다.

3 하나님의 심판

● 하나님은 인류를 물로 심판하셨는데, 그 과정을 말해 보십시오.

1) 며칠 동안 비가 내렸습니까?

—창7:4

2) 땅의 모든 생물들은 어떻게 되었습니까?

—창7:17-22

3) 물이 얼마 동안 땅에 가득했습니까?

—창7:24

4) 방주가 어디에 머물렀습니까?

—창8:4

Tip 죄의 결과는 심판입니다. 하나님의 심판은 누구도 벗어날 수 없습니다. 노아의 홍수 심판 이야기는 세상의 심판이 꼭 있음을 말해 줍니다.

4 하나님의 징표

- 하나님은 세상을 다시는 물로 심판하지 않겠다는 징표로 무엇을 보여 주셨습니까?

—창9:11-17

Tip 하나님은 노아를 택하여 방주를 120여년간 지으시면서 사람들의 죄악을 경고했지만 사람들은 듣지 않았습니다. 홍수가 나기 전 7일간의 여유를 주며(창7:4) 다시 한 번 회개의 기회를 주었지만, 사람들은 세상 연락에 즐거워하다가 그 기회를 놓치고 말았습니다.

오늘도 하나님은 우리에게 계속하여 물 심판이 아닌 불 심판에 대해서 경고하며 선포하고 있습니다. "믿지 않은 자에게는 영원한 멸망이 있으리라" 그러나 이 소리는 사람들에게 좀처럼 들리지 않고 노아의 그때처럼 거부당하고 있습니다. 천국을 이미 얻은 우리들에게 복음을 전하는 사명은 계속됩니다.

"회개하라 천국이 가까웠느니라", "회개하고 복음을 믿으라"

말씀과 삶

1. 내가 계속하여 짓는, 하나님이 슬퍼하는 죄의 모습을 찾아보십시오.

2. 인간의 구원은 행위가 아닌 믿음으로 된 것입니다. 믿음으로 구원해 주신 주님을 전하는 삶을 얼마나 살고 있으며, 나를 통하여 내 주위의 가족과 이웃이 구원을 받는 접촉점이 얼마나 됩니까?

04

바벨탑

중심인물 : 노아의 세 아들

홍수로 인하여 인류는 멸망하고 노아를 통하여 인류가 다시 시작되었습니다. 그러나 아담과 하와로부터 유전된 인간의 죄의 모습은 사라지기는커녕 오히려 날로 더해만 갔습니다. 새롭게 시작되었던 사람들은 은혜를 저버리고, 교만이 높아져 하늘에 닿았습니다. 인간은 더 이상 하나님의 이름을 위해서 존재하지 않고, 오직 자신의 이름을 내세우는 데 혈안이 되었습니다. 이런 인간의 악함을 보시려고 하나님은 친히 내려 오셔서 모두 흩어 버렸습니다.

1 인간의 악한 상태

● 노아 홍수 후에 인간들은 어떤 상태였습니까?

—창10:32-11:2

2 인간의 교만

● 힘을 모은 인간들이 함께 계획한 일은 무엇입니까?

—창11:3-4

Tip 인간들은 바벨탑을 왜 쌓았을까요? 그것은 하나님께 복종하기를 원하지 않았기 때문입니다. 인간들은 스스로 만든 문명으로 하나님을 대신하고자 했습니다. 당시 바벨탑은 신전이었습니다. 높은 탑으로 자기들의 이름을 드러내는, 아담과 같은 반복의 죄를 지었습니다. 그들은 홍수로 인하여 멸망한 것을 의식하고 그것의 대비책으로, 비가 와도 끄떡하지 않을 높은 탑을 쌓았습니다. 하나님을 대적하기 위해…… 생각하면 얼마나 악한 의도입니까? 물로 심판하지 않으리라는 말씀을 기억했더라면 이 일이 얼마나 어리석은 일인지 알 수 있습니다. 하나님을 위한 것이 아닌, 인간의 욕망을 위해 인간은 하나가 된 것입니다.

3 하나님의 심판

● 인간의 바벨탑 계획은 어떻게 무산되었습니까?

—창11:5-8

4 죄의 결과

● 인간들에게 나타난 비참한 결과는 무엇입니까?

—창11:9

Tip 이 세상의 많은 민족들은 노아의 후예들입니다. 창10장은 사람들이 어떻게 흩어져 각기 다른 민족의 조상이 되었는지에 대한 목록을 담고 있습니다.
노아의 세 아들인 셈, 함, 야벳을 따라 국가가 분리되었습니다. 바벨탑 사건 이후로 모였던 사람들은 다 흩어졌고, 언어가 혼잡케 됨으로써 각자의 길로 가게 되었습니다. 셈의 자손들은 동쪽 아라비아(아시아) 지역에, 함의 자손들은 아프리카(흑인), 야벳 자손들은 유럽(백인)에 정착하게 되었습니다.
지금 세계는 다른 언어로 인하여 이질감을 느끼면서 서로 반목하고 살고 있습니다. 그러나 알고 보면 우리는 모두 다 하나였습니다. 죄로 인하여 흩어진 우리들이 이제는 그리스도 안에서 모두가 다시 하나가 되는 세상이 되어야 합니다.

말씀과 삶

1. 서로 하나 되는 것이 누구를 위한 것입니까? 하나님을 위한 것입니까, 아니면 나의 유익을 위한 것입니까?

2. 나는 사람을 대할 때 편견을 가지고, 서로 다른 생각을 하며 행동하지는 않습니까? 예를 들어, 지연 · 혈연 · 성 · 민족 · 국가 · 인종적인 차별로 서로 다르게 대하고 있지는 않습니까? 바벨탑의 교훈에 비추어 서로 하나 되는 비결을 말해 보십시오.

바벨탑
이야

■ 한눈으로 보는 족장시대 (창세기 12-50장)

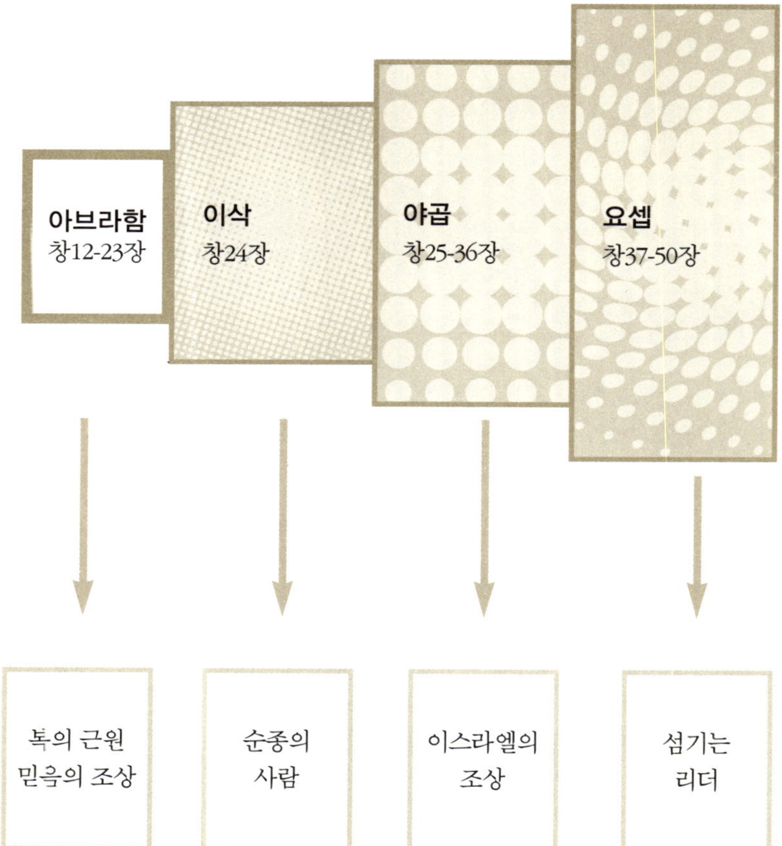

05

아브라함의 약속

중심인물 : 아브라함

바벨탑 사건으로 인류는 흩어져 각각의 나라와 민족을 형성하였습니다. 그들은 하나님을 떠나 여전히 죄악 가운데 살아가고 있습니다. 그대로 두면 모든 인류는 노아 홍수 때처럼 멸망할 수밖에 없습니다. 400여년이 지난 후에 하나님은 인류의 구원을 위해 다시 시작하셨습니다. 그것은 한 사람을 선택하시고 약속을 주시는 일입니다. 그렇게 해서 선택되고 약속을 받은 사람이 아브라함입니다. 바벨탑으로 흐트러진 세상의 역사와는 다른 새로운 믿음의 역사가 열리게 되는 순간입니다.

1 아브람에게 준 약속

- 아브람은 갈대아 우르에서 가족과 함께 살고 있었습니다. 어느 날, 하나님은 아브람을 불러서 무엇이라 명하시며 약속하셨습니까?

—창12:1-3

—참고 / 히11:8-19

Tip 바벨탑 이후로 세계로 흩어진 많은 사람들 중에 셈의 족보에 속한 아브라함은 특별히 선택된 사람이었습니다. 그 선택은 하나님의 계획을 위한 부름이었고 약속을 향한 선택이었습니다. 아브라함의 선택은 행위의 선택이 아니라 전적인 은혜의 선택이었습니다. 아브라함은 하나님의 부름에 지체 없이 따랐고 말씀에 순종했습니다. 하나님은 지금도 말씀에 순종하는 자를 부르십니다. 이것을 보면 아브라함은 노아와 같이 겸손한 사람임을 알 수 있습니다.

2 약속을 따라가는 여정

- 갈 바를 알지 못하며, 오직 약속만을 믿고 아브라함이 가족들을 이끌고 간 여정을 지도를 보면서 말해 보십시오.

—창12:1

본토 친척아비집—갈대아 (　　　　　　　　)

—창12:4

(   )을 떠남.

—창12:5

(   ) 땅.

—창12:6

(   ) 땅 모레상수리 나무.

—창12:8

(   ) 동편 산.

—창12:9

점점 (   )으로 옮겨 감.

Tip 어느 날 갑자기 하나님이 나를 향해 "짐 싸들고 일어나서 내가 가라고 하는 곳에 가족을 데리고 가라"고 하면 나는 과연 어떤 반응을 보일 것입니까? 한번도 가보지 않은 미지의 세계에 가라고 하면 나는 순종할 수 있을까요? 이것은 결코 쉬운 일이 아닙니다. 일흔다섯의 늙은 나이에, 어느 날 하나님이 목적을 위해 나를 부르신다면 나는 과연 어떻게 응답할 수 있을까요?

3 하나님을 경외하는 아브람

● 아브라함이 가는 곳마다 취한 행동은 무엇입니까?

—창12:7-8, 13:18

Tip 하나님의 선택과 부름은 언제나 말씀에서 시작됩니다. 하나님의 부름은 언제나 약속에 근거한 부름입니다. 아브람에게 주신 약속은 그의 미래에 큰 민족을 이루는, 그리고 창대케 될 복된 민족을 이루는 복의 근원이 되는 약속이었습니다. 하나님이 우리를 하나님의 자녀로 선택하고 부르신 것은 하나님의 목적을 이루는 부름이요, 축복이 이미 약속된 창대케 되는 부름입니다. 오늘 우리도 언제나 이 비전을 가지고 나아가야 합니다.

말씀과 삶

1. 나는 하나님만 의지하고, 하나님의 부름에 언제라도 응답할 수 있는 자세가 되어 있습니까? 아브람처럼 하나님의 부름이 주어진다면 가족을 이끌고 미지의 세계를 향해 떠날 수 있습니까?

2. 나에게 주신 하나님의 약속과 미래 비전 무엇입니까?

06

불신

중심인물 : 아브람, 사래

인간은 본질적으로 악한 성품을 가지고 있기에 하나님의 약속을 받아들인 후에도 그것을 거부하려는 특징을 여전히 가지고 있습니다. 인간은 여러 가지 이유를 들어서 하나님의 약속을 거부하고 신뢰하지 못합니다. 여기서 인생의 불행은 시작되고 신앙의 어려움이 나타납니다. 어쩔 수 없는 인간의 연약함을 우리는 아브람을 통해 보게 됩니다.

아브람의 실수들

아브람은 하나님에게 분명한 약속을 받았음에도 그는 하나님의 후사의 약속을 온전히 신뢰하지 못하고 인간적인 실수들을 저지릅니다. 몇 가지 예를 들어보십시오.

실수1 약속의 땅이 아닌 이방 땅인 남방(　　　)으로 점점 내려갔습니다(창12:9-10).

● 여기서 당한 어려움은 무엇입니까?
—창12:11-20

____

____

실수2 한 번의 실수를 아브람은 또 반복하여 (　　　)으로 이사합니다(창20:1).

● 여기서 행한 동일한 실수로 어려움을 당하는데, 그것은 무엇입니까?
—창20:2-11

____

____

실수3 하나님의 후사의 약속을 믿지 못하고 10년을 기다리다가 그만 인간의 생각으로 (　　　)을 잉태하여 낳게 됩니다(창16:1-3, 15-16).

● 이것으로 인하여 아브람이 당한 가정의 어려움은 무엇입니까?
—창16:4-6, 21:8-14

Tip 아브람의 인간적인 실수는 육적인 생각에서 나오는 것으로 하나님에 대한 불신에서 발생한 것입니다. 이것은 아브람으로 하여금 부부와 자녀와 가정과의 갈등을 낳게 했고, 그것으로 고통을 당했습니다. 이런 모습은 오늘 우리에게도 있습니다. 한 조상이면서도 약속의 아들인 이스라엘의 이삭의 후예들과 인간의 아들인 이스마엘의 후예들은 지금도 갈등하면서 싸움을 계속하고 있습니다.

2 두 마음

사람에게는 언제나 두 마음이 서로 대적하여 싸우고 있습니다. 하나는 악이요, 하나는 선입니다. 악은 인간적인 욕심에서 온 것이요, 선은 하나님으로부터 온 것입니다. 이 둘은 원수 관계로 서로 공존할 수 없고, 대적하며 계속해서 갈등과 불화를 낳습니다. 아브람에게 있는 인간적인 마음과 하나님이 주신 믿음의 마음은 서로 갈등하면서 아브람의 삶을 불편하게 합니다. 힘들지만 인간적인 마음을 거부하면, 우리는 비로소 자유하며 하나님과 화목할 수 있습니다. 이러한 두 마음은 약속을 받은 그리스도인에게도 계속되어 육체의 일과 성령의 일 사이에서 갈등하게 만듭니다.

● 이것이 오늘 우리에게 주는 영적 의미는 무엇입니까?

—갈 4:21-31

Tip 육신의 생각은 사망이요, 영의 생각은 생명과 평안입니다. 우리의 마음이 자유하지 못하는 것은 두 아들을 키우고 있어서입니다. 이삭과 이스마엘은 서로 공존할 수 없는 대적의 관계요, 갈등의 관계입니다. 힘들더라도 고통스럽더라도 아브람처럼 한 자녀로 통일해야 합니다. 아무리 힘들어도 우리는 하나님의 약속을 선택해야 합니다. 인간적인 미련과 정이 있더라도 인간적인 것에서 나온 것이면 그것을 포기해야 합니다. 그것이 우리의 마음을 평안케 하는 길입니다. 오늘도 나의 마음을 유혹하는 불신적인 이스마엘과 같은 인간적인 마음은 없는지 살펴보고 그것에 이끌리지 않도록 해야 합니다.

말씀과 삶

1. 나에게 있는 이삭과 이스마엘 같은 두 마음의 예를 찾아보십시오.

2. 서로 다른 두 마음이 있는 한 갈등의 요소는 계속되는데, 내 안에 있는 육신적인 생각을 몰아내기 위한 효과적인 방법을 생각해 보십시오.

07

아브라함의 이삭 시험

중심인물 : 아브라함, 이삭

아브라함은 하나님의 약속만을 믿고 하나님이 지시하는 곳으로 갔습니다. 한 때는 기근을 피해 애굽으로 내려가서 아내를 빼앗기는 위험을 당했습니다. 아브라함은 불신의 죄를 범하고 다시 하나님의 약속의 땅 가나안으로 옵니다. 그 이후에 하나님은 아브라함에게 구체적인 약속을 합니다. 그것은 아들이 없는 아브라함에게 아들을 준다는 약속입니다. 이 약속은 단순히 아브라함에게 주는 후사가 아니라 하나님의 후사에 대한 예언입니다. 아브라함으로서는 도저히 아이를 낳을 수 없는 나이에 받은 아들에 대한 약속은 믿기 힘든 것입니다. 그동안 많은 연단을 통해서 성숙된 아브라함은 하나님이 제시한 어려운 시험을 어떻게 통과했을까요?

❶ 하나님의 약속

● 하나님은 아브라함에게 계속하여 어떤 약속을 주셨습니까?

—창15:2-5, 17:3-8, 15-16

Tip 우리는 이미 하나님의 자녀로 부름을 받은 순간 하나님의 약속을 받은 상속자입니다. 하나님은 우리를 부르실 때 그냥 부르지 않고 우리에 대한 놀라운 비전을 가지고 부르십니다. 많은 사람들이 실패의 삶을 사는 것은 하나님의 약속을 받지 못해서가 아니라 이미 받은 약속을 확신하고 기다리며 인내하지 못했기 때문입니다. 인간적 의심과 불신은 우리가 하나님의 약속에서 제외된 것처럼 초라한 삶으로 만드는 주범입니다. 하나님의 약속을 내 것으로 만들기 위해서는 절대적인 믿음과 인내가 필요합니다. 나는 얼마나 하나님의 약속을 신뢰하며 인내하고 살아갑니까?

❷ 하나님의 시험

● 하나님은 아브라함에게 정말 믿음이 있는지 확인하기 위해 시험을 하시는데, 그 내용은 무엇입니까?

—창22:1-2

Tip 아브라함은 처음에는 이 약속을 믿었지만(창15:6) 결국 오래 기다리지 못하고 하나님을 불신합니다. 그 결과 성급하게 이스마엘을 몸종의 몸에서 나게 함으로써 인간적인 실수를 저지릅니다. 그러나 하나님의 약속대로 하나님이 말씀하신 기한이 차자(창21:2) 아브라함은 백 세 때 아들 이삭을 낳습니다(창21:1-3). 그런데 그 이삭을 다시 바치라고 하십니다. 하나님은 그가 이삭보다 하나님을 더 소중하게 여기는지 보고자 했습니다. 혹시 우리는 하나님이 주신 축복을 하나님보다 더 소중하게 여기는 것은 아닌지 생각해 보아야 합니다.

3 온전한 순종

● 아브라함은 상식적으로 도저히 믿겨지지 않는 비윤리적인 하나님의 명령에 기꺼이 순종하며 하나님의 지시를 따르는데, 그 과정과 모습을 정리해 보십시오.

—하나님의 명령에 빠른 응답으로 아침에 (   ) 일어났습니다(창 22:3).

—아이와 함께 분명히 살아서 (   )오리라는 믿음이 있었습니다(창22:5).

—하나님이 필요한 것을 친히 (   )실 것이라는 믿음이 있었습니다(창22:8).

—하나님의 (   )하신 명령에 의심이나 주저함 없이 즉각적으로 순종하였습니다(창22:9-10).

Tip 믿음은 한순간에 이루어지지 않습니다. 아브라함도 몇 번의 실수와 의심을 반복하면서 결국 위대한 믿음의 소유자가 되었습니다. 한번에 우리의 믿음이 확고하게 된다는 것은 불가능합니다. 하나님의 시험을 여러 차례 통과할 때 우리는 연단된 금과 같은 믿음이 됩니다. 하나님은 나의 믿음이 확고해지도록 하나님의 약속을 확인하는 시련과 인간적으로 이해 못할 고난을 기꺼이 허락하십니다.
순종은 전적으로 믿음의 결과로 나타납니다. 인간의 생각이나 체면에서 나오는 순종은 오래가지 못합니다. 믿음이 얼마나 있는가에 따라 순종도 결정됩니다. 순종이야 말로 믿음의 징표입니다. 순종을 하되 아브라함처럼 온전히 순종하는 것이 중요합니다.

4 하나님의 축복

● 하나님의 시험에 합격한 아브라함에게 내려진 축복은 무엇입니까?

—창22:16-18

Tip 하나님의 시험은 우리를 멸망하게 하는 것이 아닌 준비된 축복을 주시기 위한 서막입니다. 축복은 거저 오지 않습니다. 복은 순종할 때 주어지는 하나님의 선물입니다. 하나님께 전적으로 순종했을 때 하나님은 인간이 생각하는 그 이상의 복을 주십니다. 모든 것은 믿음을 위해서 존재합니다. 믿음을 얻으면 모두를 얻는 것이 됩니다. 그러나 하나님에 대한 믿음을 잃으면 세상 것을 다 얻는다 해도 의미가 없습니다. 현재 나는 하나님에 대한 100퍼센트 믿음을 원합니까? 아니면 일시적인 문제 해결을 위한 믿음을 원합니까?

말씀과 삶

1. 현재 내가 겪고 있는 하나님의 시험은 어떤 것입니까? 나는 나에게 닥친 시험을 어떻게 보아야 합니까?

2. 하나님의 시험을 무사히 통과하기 위해서 마음에 가져야 할 약속의

말씀은 무엇입니까? 아울러 우리가 가져야 할 바람직한 자세들을 말해 보십시오.

(참고 / 고후1:8-9, 2:4, 4:17; 약1:2-3, 12-13; 고전10:13)

08

야곱과

이스라엘

중심인물 : 야곱, 에서

아브라함에 이은 약속의 자녀 이삭은 아버지 아브라함의 경우처럼 아내가 잉태하지 못합니다. 그러나 하나님께 기도하여 응답으로 쌍둥이를 잉태하게 됩니다. 문제는 둘의 출생은 또 다른 갈등을 낳게 되고, 그 과정에서 하나님의 선택은 동생 야곱에게 주어집니다. 갈등 속에서 태어난 에서와 야곱은 서로 시기하고 대립하게 됩니다. 야곱의 일생은 부족한 믿음의 사람들이 어떻게 믿음이 성숙되어 이스라엘 민족의 조상으로 점차 성장해 가는지 보여 주고 있습니다.

1 야곱과 에서의 출생

● 이삭과 리브가 사이에게 태어난 쌍둥이 에서와 야곱의 출생과정은 어떠했습니까?

—창25:19-26

Tip 우리 안에도 야곱과 에서와 같은 선과 악이 하나님의 약속과 인간의 생각으로 공존하고 있습니다. 중요한 것은 하나님의 무조건적인 선택입니다. 내가 하나님의 자녀가 된 것은 우리의 힘이 아닌 태어날 때부터 야곱처럼 하나님의 무조건적인 선택이 있었기에 가능했습니다. 우리가 믿음의 자녀가 된 것은 전적으로 하나님의 은혜입니다.

2 명분을 얻는 야곱, 버리는 에서

● 야곱은 형 에서에게서 장자의 명분을 어떻게 얻게 되었습니까?

—창25:27-34

Tip 장자의 명분을 야비한 인간의 방법으로 빼앗으려는 야곱의 행위는 정당하지 못하지만, 하나님의 약속을 신뢰하며 그 명분을 얻으려는 열망은 본받아야 합니다. 에서의 잘못은 장자의 명분을 경홀히 여긴 것입니다. 에서에게는 장자의 명분이 팥죽 한 그릇보다도 못한 것이었습니다. 나는 하나님의 약속을 얼마나 소중히 생각합니까?

3 축복을 속임수로 얻어내는 야곱

- 아버지 이삭으로부터 축복을 받은 사람은 야곱입니다. 야곱은 어떻게 이삭에게서 축복을 받아냈는지, 그가 사용한 인간적인 술수를 정리해 보십시오.

—창27:1-29

Tip 하나님의 택함을 이미 받고 태어난 야곱임에도 그는 약속을 신뢰하지 못하고 자기의 기지와 술수로 어머니 리브가와 합력하여 에서로부터 장자의 명분을 빼앗습니다. 그것도 아버지를 교묘히 속여, 형 에서의 행세를 하여 아버지 이삭에게서 억지로 축복까지 받아냅니다. 하나님의 약속이 이미 주어졌음에도 하나님의 섭리에 맡기기보다는 인간적인 방법으로 복을 가로 채려는 인간의 욕심을 보여 주는 대목입니다. 오늘 우리도 하나님의 놀라운 약속을 받고 하나님의 방법으로 어떤 일을 이루려하기보다는 인간적인 계략과 술수에 의지하려는 건 아닌지 살펴보아야 합니다. 그것은 아직 하나님의 약속에 대한 신뢰가 부족하기 때문입니다. 자연스럽지 못한 야곱의 인간적인 행동은 앞으로 철저히 깨져야 할 우리의 모습입니다.

4 연단 받는 야곱

- 약속을 받은 야곱은 자기의 인간적인 욕심으로 인해 고난의 삶을 오랫동안 살았습니다. 그 과정을 말해 보십시오.

1) 삼촌 라반의 집으로 피신

—창27:41-45

2) 하나님의 약속을 재확인

—창28:14-15

3) 야곱의 결혼

—창29:16-30

Tip 형을 속인 야곱은 에서를 피하여 삼촌 라반의 집으로 피신합니다. 잠시 동안 피했지만 이 방황의 여정은 20여년 동안 계속됩니다. 속이는 데 능한 야곱은 속이는 데 더 능한 삼촌 라반을 만나 오히려 속임을 당하여 결국 14년의 종살이를 하게 됩니다. 이것은 이미 약속된 하나님의 말씀을 믿지 못하는 인간적인 모습을 제거하기 위한 하나님의 연단의 과정이었습니다.

4) 하나님과 외로운 씨름

—창32:24-26

5 하나님의 축복을 받음

1) 이스라엘이란 이름을 얻음

—창32:28, 35:9-12

2) 에서와 화해

—창33:3-4

Tip 우리는 속이는 자의 인생이 어떠한지 야곱을 통해서 잘 보게 됩니다. 남을 속이는 자는 스스로 속임을 당하며, 결국 자기가 저지른 죄로 인해 고통을 당하며 두려움과 고독과 고통 속에서 지내게 됩니다. 그러나 야곱은 그런 고난 속에서도 하나님을 찾고 매달리는 열심으로 하나님의 사랑을 확인하면서 결국 이스라엘이라는 이름을 새롭게 얻습니다. 파란만장한 방황의 삶이었지만 야곱에게는 오히려 그것이 인간적인 교만을 벗어 던지고 자기를 철저히 죽이는 겸손의 순간이 되었습니다. 결국은 약속의 자녀로서 이스라엘의 조상이 되는 더 큰 축복을 얻게 됩니다.
오늘도 우리는 나를 지배하고 계시는 하나님을 몰라보고, 감히 하나님과 겨루어 이기려고 하지는 않는지 살펴보아야 합니다. 하나님 앞에서 자기 자신을 빨리 포기하면 할수록 축복과 평강은 더 빨리 찾아옵니다.

말씀과 삶

1. 나는 하나님의 자녀로 택함을 받고 하나님의 위대한 꿈을 이루는 승리자임을 얼마나 믿고 살아갑니까? 현재, 인간적인 방법으로 살기보다는 하나님의 말씀에 얼마나 충실하게 따르며 살려고 하는지 점검해 보십시오.

2. 하나님을 떠남으로 나타나는 고난과 어려움은 나에게 없습니까? 나는 고난의 순간마다 어떻게 이기며 힘을 얻고 있는지 말해 보십시오.

천사와
씨름하는
야곱

09

요셉의 꿈

중심인물 : 요셉, 야곱, 야곱의 아들들

이삭은 아버지 아브라함의 아내 속이는 버릇을 그대로 닮아, 자기도 아내를 누이라고 속이는 버릇을 그대로 답습합니다. 이삭의 아들 야곱도 이와 비슷한 행위로 형 에서를 속이며 장자의 명분을 탈취합니다. 어머니의 편애를 받은 야곱은 그것의 영향을 받은 탓인지 자기 아들들 중에 요셉을 특별히 사랑합니다. 레아보다 라헬을 더욱 사랑하면서 라헬이 낳은 요셉에 대한 편애가 더 심해집니다. 그것은 결국 형들이 요셉을 질투하는 계기가 됩니다. 이런 배경으로 인하여 요셉은 원치 않는 어려움을 당하게 되고, 그의 아버지와 같이 그 또한 파란만장한 삶을 살아갑니다.

1 요셉이 꾼 꿈

● 요셉은 하나님에 의해 특별한 꿈을 꾸게 되고 하나님의 비전을 계시 받게 되는데, 그 내용은 무엇입니까?

—창37:5-11

Tip 사람은 꿈을 꾸는 순간 인생이 달라집니다. 형들의 미움과 시기 속에서 도저히 미래의 희망을 찾기 어려웠던 요셉은 하나님의 꿈을 꾸면서 새로운 삶의 길이 열립니다. 담대하게 하나님의 꿈을 말한 것은 어쩌면 비전에 대한 확신에서 나온 것이라 볼 수 있습니다.

2 꿈을 이루는 연단과 축복의 삶

● 요셉은 자기의 꿈을 형들에게 이야기함으로 인해 미움을 받습니다. 그 결과 애굽으로 노예로 팔리게 되고, 고난이 따르는 우여곡절의 삶이 시작됩니다. 요셉의 인생 과정을 핵심적으로 정리해 보십시오.

연단의 과정

1) 구덩이에 빠짐

—창37:18-24

2) 노예로 팔림

—창37:28

3) 보디발의 종으로 팔림

—창37:36

4) 보디발의 아내에게 유혹당함

—창39:7-18

5) 옥에 갇힘

—창39:19-23

6) 술 맡은 관원장이 은혜를 잊어버림

—창40:16-23

Tip 요셉의 일생은 사람들의 오해와 시기, 억울한 모함과 부당함으로 점철된 이해하기 어려운 사건의 연속이었습니다. 그러나 요셉은 하나님이 주신 꿈을 믿으면서, 하나님께서 함께하심을 믿고 꿈을 바라보며 성실하게 살았습니다. 그런 그를 보는 주위의 사람들에게 "여호와께서 요셉과 함께하심이라"는 믿음을 가지게 했습니다(창39:3, 23). 하나님은 택한 자녀를 분명하게 지키시고 선한 일로 인도하십니다. 우리는 이런 믿음을 가지는 것이 중요합니다. 하나님의 뜻대로 부르심을 입은 사람들에게는 모든 것이 합력하여 선을 이루도록 하시는 것을 더 이상 의심하지 말고, 하나님을 항상 바라보면서 주어진 일에 최선을 다해야 합니다.

3 요셉에게 주신 축복

1) 바로의 꿈을 해석

—창41:25-36

2) 애굽의 총리가 됨

—창41:40-43

3) 형들을 용서함

—창45:4-10

Tip 인생의 성공은 마지막에 달려 있습니다. 인생을 다 마친 후에, 계획했던 일을 다 이룬 후에 내가 어떤 고백을 하느냐가 중요합니다. 하나님께 어떻게 영광이 되느냐가 우리의 인생을 판가름합니다. 지금은 아무도 모릅니다. 잘 이해가 안 되고 납득이 되지 않는 사건으로 인해 괴로움을 당한다 할지라도, 참고 꿈을 믿고 나아가면 하나님은 나중에 좋은 길로 인도하실 것입니다. 우리가 당하는 모든 일에는 하나님의 선한 계획이 있습니다. 이런 믿음을 가진다면 하루하루를 기대와 설렘으로 살아야 할 것입니다. 중요한 것은 지금이 아니라 인생의 마지막 나의 모습입니다. "나를 이리로 보낸 이는 당신들이 아니요 하나님이시라"(창45:8), "지금 나를 이렇게 하신 것은 당신들이 아니요 하나님이 하신 것입니다"라고 고백한다면 이보다 아름다운 일은 없을 것입니다.

4 꿈을 이룬 요셉

- 성공한 요셉은 기근으로 어려움을 당하던 아버지와 그 가족들을 모두 애굽으로 불러 들여 생활하게 합니다. 애굽으로 가는 중에 아버지 야곱에게 재확인해 주신 하나님의 약속은 무엇입니까?

—창46:1-4

- 야곱의 가족들이 애굽 고센 땅으로 이주했습니다. 이때 데려간 사람

은 몇 명이었습니까?

—창46:27

Tip 야곱에게 주신 꿈은 드디어 요셉을 통하여 이루어집니다. 요셉은 야곱의 꿈을 이루는 도구였습니다. 야곱과 요셉은 모두 하나님의 꿈의 사람이었고, 합력하여 자신의 꿈이 아닌 이전의 조상 아브라함의 꿈을 이루는 사람이 되었습니다. 진정한 꿈은 믿음의 조상들과 연계성을 가진 것이어야 합니다. 우리의 꿈은 궁극적으로는 하나님의 말씀이 곧 나의 꿈이 될 때 비로소 진정한 꿈이 됩니다.

5 진정한 성공자 요셉

● 요셉은 마지막을 어떻게 살았으며, 그의 유언은 무엇입니까?

—창50:22-26

Tip 요셉의 꿈은 세상의 성공자가 아니었습니다. 애굽의 총리가 요셉의 꿈은 아니었습니다. 만약 그것이 인생의 꿈이라면 세상의 권력을 가진 사람들은 모두 성공한 사람들일 것입니다. 그러나 그렇지 않습니다. 역사적으로 보면 그들 중에는 불행한 사람들이 많았습니다. 진정한 성공은 업적이나 지위에 있지 않습니다. 진정한 성공자는 하나님의 꿈을 이루는 데 끝까지 자신을 드리고 봉사하며 사는 사람입니다. 죽음 이후까지 계속되는 하나님의 영원한 꿈을 꾸고 죽는 사람입니다.

말씀과 삶

1. 하나님이 나에게 주신 미래의 꿈은 무엇입니까? 그리고 나는 그것을 이루기 위해 지금 어떤 노력을 하고 있습니까?

2. 꿈을 이루는 과정 중에 이해되지 않는 인생의 어려움을 만났을 때, 나는 어떻게 대처하며 나를 어렵게 하는 사람들을 어떻게 대하면서 살아야 합니까? 그리고 꿈을 이룬 후의 내 삶의 모습을 말해 보십시오.

■ 한눈으로 보는 출애굽시대 (출애굽기 1-18장)

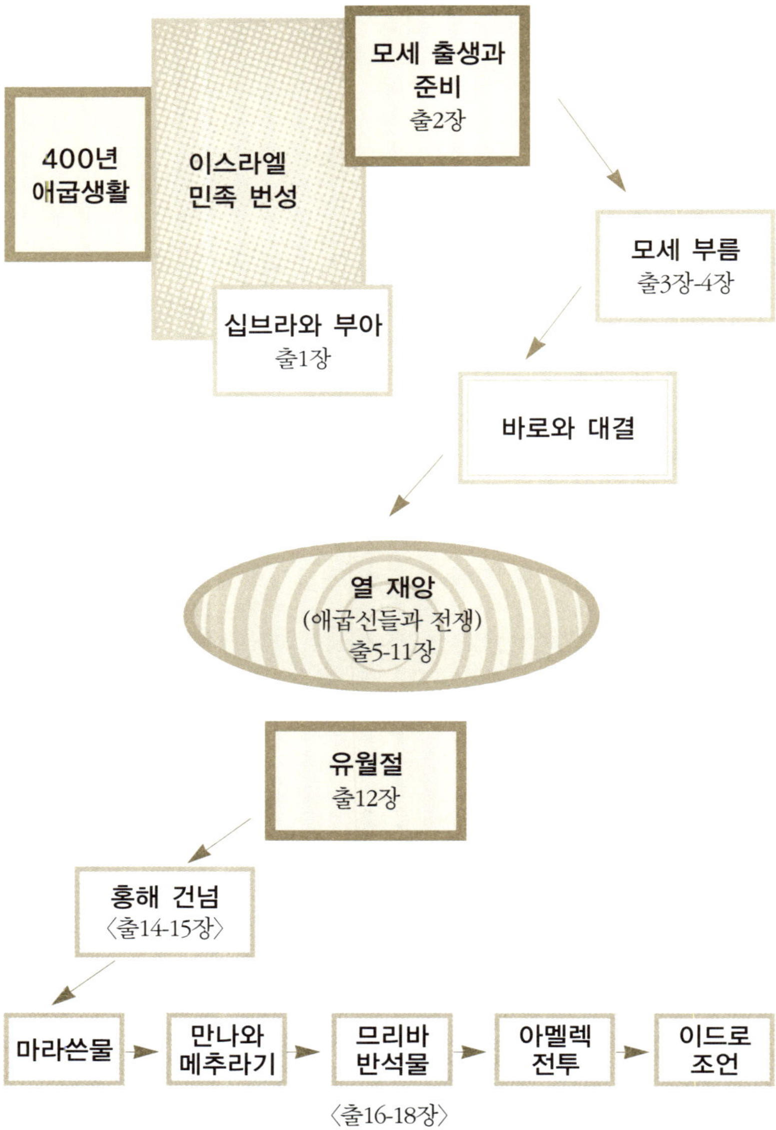

10

노예생활

중심인물 : 십브라와 부아, 모세

하나님으로부터 이스라엘의 이름을 부여받은 야곱의 가족들은 요셉으로 인해 애굽으로 이주하였습니다. 그때 이주한 수는 70명이었습니다. 그로부터 400년이 지난 지금, 애굽에서 야곱의 후손인 이스라엘 백성은 약 300만 명으로 불어났습니다. 이제는 하나의 가문이 아닌 국가를 형성하게 되었습니다. 그동안 요셉이 죽은 뒤에 요셉을 우대하던 바로 왕은 죽고 새 왕이 왕좌에 올랐습니다. 새로운 바로 왕은 이스라엘 백성의 수가 불어나자 두려워 이스라엘 백성을 노예의 위치로 전락시키면서 탄압하기 시작했습니다.

1 번성하는 이스라엘

● 애굽에 살고 있는 이스라엘 백성들의 상황을 말해 보십시오.

—출1:8-14

Tip 이스라엘은 학대를 받으면 받을수록 더욱 번성하고 창성했습니다. 수가 불어나는 것은 단순한 인구 증가가 아닌 하나님의 약속을 이루는 중인 것입니다. 이것은 하나님이 이스라엘을 창성하게 하는 모습입니다. 하나님의 축복으로 인해 이스라엘은 생육하고 번성하며, 심히 강대한 민족들로 성장해 갔습니다. 이것은 아브라함에게 주신 하나님의 약속에 대한 성취였습니다. 하나님이 이스라엘과 함께하시는 증거들입니다.

2 믿음의 사람들

● 바로는 이스라엘 민족들이 더 번성하지 않도록 아이를 낳지 못하게 방해를 하였으나 결국 그 일은 뜻대로 되지 아니하였습니다. 왜 그랬습니까?

—출1:15-22

Tip 이스라엘 백성 중에는 고난과 핍박 중에도 하나님을 신뢰하는 사람들이 있었습니다. 십브라와 부아는 당시 이스라엘 백성들의 신앙의 모습을 엿보게 합니다. 바로보다 하나님을 더 두려워하며 하나님을 더 사랑하는 십브라와 부아 같은 사람이 오늘날 우리에게도 필요합니다. 그런 사람의 집을 하나님은 축복해 주십니다.

3 고난 중에도 함께하시는 하나님

● 노예생활을 하며 학대받는 이스라엘 백성을 향한 하나님의 뜻은 무엇이었습니까?

—출3:1-9

Tip 창세기는 한 가족과 가문의 역사입니다. 반면에 출애굽기는 한 국가가 어떻게 형성되는지를 보여 주는 민족의 역사입니다. 하나님은 한 사람 아브라함을 선택하여 그 가정을 번성하게 하고 그 가문을 통하여 하나님을 경외하는 한 나라를 만드셨습니다. 그것은 이미 아브라함에게 주셨던 하늘의 별처럼 땅의 모래처럼 번성하게 하리라는 약속의 성취입니다. 하나님이 행하시는 모든 역사는 한 사람으로부터 시작되는 역사입니다. 믿음으로 우리를 불러서 지금은 비록 미약하고 아무것도 이룰 수 없는 하찮은 모습이지만, 나중에는 제사장의 나라가 되게 하시고 왕 같은 자녀로서 세상을 지배하게 하시는 하나님의 위대한 뜻이 우리의 부름에 이미 들어 있습니다. 하나님의 부름에는 원대한 목적이 있는 부름입니다. 지금의 이 자리가 작고 보잘 것 없다 할지라도 일어나 큰 미래를 향해 하나님의 약속을 바라보며 믿음으로 나아가야 합니다.

4 준비된 하나님의 사람

● 하나님이 이스라엘 백성을 해방시키기 위해서 보낸 사람은 누구이며, 그는 어떻게 반응했습니까?

—출4:10-17

Tip 하나님은 당신의 백성의 고통과 신음을 다 듣고 계십니다. 그리고 그것을 해결하기 위하여 한 사람을 80년 동안 준비시키고 계셨습니다. 아무런 응답이 없다고 하나님이 주무시는 것이 아닙니다. 선택한 백성의 고통과 신음과 학대의 현장을 하나님은 다 알고 계십니다. 오랜 학대를 보시면서 한 사람 모세를 선택하여, 그를 통해 구원의 역사를 이루시는 하나님이십니다. 오늘 우리를 죄악에서 구원해 주신 것도 한 사람 예수 그리스도를 통하여 주신 은혜입니다. 지금의 자리가 죄악의 자리이고 고통과 고난의 자리일지라도 하나님은 그곳을 기억하시며 그 신음을 들으시고, 계획적으로 차근차근 구원의 일을 한 치의 오차도 없이 진행하고 계십니다. 그리고 나를 하나님의 구원을 위해 사용하길 원하십니다. 모세와 이스라엘 백성은 오랫동안 자기를 돌보시고 준비하시는 하나님의 모습을 몰랐습니다. 그러나 하나님이 때가 되니까 모세를 부르시고 이스라엘을 구원하심을 봅니다.
비록 나는 아무것도 가진 것이 없어도, 하나님은 나와 함께하시며 세상에 하나님의 능력을 나타내는 이적의 주인공이 되기를 원하신다는 사실을 믿어야 합니다.
믿음을 가지고 준비하면 언젠가는 나도 모세처럼 위대하게 사용될 것입니다.

말씀과 삶

1. 나의 고통과 고민을 다른 사람들은 잘 몰라도 우리 하나님은 다 듣고 계십니다.
하나님은 나를 향해 이미 구원의 계획을 가지고 진행 중이십니다. 나는 지금의 하루를 어떻게 바라보면서 살아야 하는지 말해 보십시오.

2. 나를 죄에서 구원해 주신, 나를 향한 하나님의 부름의 뜻은 무엇입니까? 나는 하나님의 준비 과정을 어떻게 보내야 합니까?

애굽의
람세스 신전

애굽의
피라밋

11

출애굽

중심인물 : 모세, 바로

하나님은 당신이 선택한 백성을 향해 지극한 관심을 가지고 계십니다. 우리 눈에 보이는 하나님의 도움의 손길이 없다 하여 우리가 하나님의 관심에서 제외된 것이 아닙니다. 400여년 동안 다른 나라의 지배 속에서 지내 온 이스라엘 백성들을 향한 하나님의 사랑은 이스라엘 백성들이 생각한 것보다 더 깊습니다. 하나님은 이미 이스라엘의 고통을 알고서 그 고통에서 이스라엘 백성을 구원하시기 위해 한 사람 모세를 보이지 않게 오랫동안 준비시키고 계셨습니다. 바로의 궁정에서 40년 그리고 외로운 광야에서 40년, 도합 80년을 준비시키며 구원의 그날을 위해 기다리고 계셨습니다. 다만 이스라엘 백성들은 그 사실을 모르고 있었을 뿐입니다.

1 모세와 이스라엘 백성

● 하나님은 이스라엘에게 어떤 분이십니까?

—출6:2-8

● 모세는 하나님이 애굽의 고역에서 이스라엘 백성들을 건져 낼 것이라고 말하자 백성들은 어떤 반응을 보였습니까?

—출6:9

Tip 이스라엘 백성은 너무 오래 기다리며 고통이 심한 관계로 모세의 말을 듣지 않았습니다. 그러나 하나님은 아브라함과 이삭과 야곱과 맺은 언약을 기억하고 계셨습니다. 하나님은 약속을 끝까지 지키십니다. 하나님은 언약에 따라 일하시고 구원하십니다. 반면에 이스라엘은 언약을 잊어버렸습니다. 그것이 그들을 힘들게 했습니다.

2 모세와 아론

● 모세와 아론은 바로 앞에 나가기 전에 이미 바로의 반응에 대해서 하나님의 예언을 듣고 알았는데, 그 내용은 무엇입니까? 이때 아론과 모세의 나이는 몇입니까?

—출7:1-7

Tip 모세가 행하는 재앙은 하나님의 이름을 나타내기 위해서입니다. 애굽 사람이 여호와인 줄 알게 하기 위해서입니다. 그러나 바로는 강퍅해서 하나님의 표적을 믿지 않을 것입니다.
마음이 강퍅하면 아무리 표적이 일어나도 믿지 않습니다. 그러나 마음이 겸손하면 표적이 없어도 믿게 됩니다. 아론과 모세가 여든 살이 넘었다는 것은 인간의 힘이 아닌 하나님의 능력으로 바로 앞에 서는 것을 의미합니다. 비록 늦게 시작해도 하나님이 붙잡으면 위대한 일을 할 수 있습니다. 누구에게든지 늦은 시간이란 없습니다.

3 애굽 신들과 전쟁

- 모세가 바로에게 가서 행한 열 가지 이적 중에서 애굽의 술객들도 따라한 이적은 무엇입니까?

—출7:20-22, 8:5-7

- 세 번째 이적부터 애굽의 술객들이 따라하지 못하자 애굽의 술객들이 바로에게 말한 내용은 무엇입니까 ?

—출8:18-19

Tip 애굽에 내린 열 가지 재앙은 애굽을 관장하고 있는 다신들을 의미합니다. 자연신을 믿는 애굽의 사람들과 창조주 하나님을 믿는 모세와의 싸움입니다. 일종의 애굽신과 하나님이 벌이는 신들의 전쟁입니다. 오늘날에도 자연과 물질의 신을 믿는 사람들이 많이 있습니다.
인간의 술수는 잠시 동안은 통합니다. 어느 정도는 흉내를 낼 수 있습니다. 그러나 시간이 지나면 거짓이 드러납니다. 술객들은 재앙을 자신들이 행하지 못함을 보고 하나님의 능력이라고 고백을 하지만 바로는 끝까지 강퍅하며 듣지 않습니다.

4 10가지 재앙과 바로

● 이적을 행할수록 바로는 잠깐 순종하는 듯하다가 결국에는 거부하는 아주 강퍅함을 드러냅니다. 하나님이 행한 기적의 내용들을 말해보고, 바로는 몇 번째 재앙에 항복을 하게 됩니까?

—3번째 / (   ) 재앙 (출8:16)
—4번째 / (   ) 재앙 (출8:20-22)
—5번째 / (   ) 재앙 (출9:1-4)
—6번째 / (   ) 재앙 (출9:8-12)
—7번째 / (   ) 재앙 (출9:18-21)
—8번째 / (   ) 재앙 (출10:5)
—9번째 / (   ) 재앙 (출10:21-24)
—10번째 / (   ) 재앙 (출11:4-8)

Tip 하나님은 강퍅한 바로의 마음을 움직이는 방법으로 열 가지 재앙을 모세를 통하여 내렸습니다. 그럼에도 불구하고 바로는 잠깐 순종하는 듯하다가 지나고 나면 거부하면서 하나님의 요구를 계속 거역했습니다. 결국 자기의 아들까지 죽임을 당하고, 나중에는 자기의 모든 군사가 수장당하는 결과를 자초하게 됩니다.
바로는 인간의 간악함을 말하는 좋은 예입니다. 인간은 상황이 나쁠 때는 하나님을 두려워하여 하나님의 말씀을 따르는 듯하다가도, 상황이 조금 나아지면 언제 그랬

냐 쉽게 불순종으로 돌아섭니다. 수많은 하나님의 징계와 고난을 당하면서도 좀처럼 하나님의 뜻을 깨닫지 못하고 자기의 고집대로 행하는 인간의 강퍅함은 예나 지금이나 똑같습니다. 혹시 나에게도 바로에게 있는 강퍅함과 고집은 없습니까?

5 장자의 죽음과 유월절

● 열 번째 재앙은 애굽뿐 아니라 이스라엘에게도 내린 모든 사람을 향한 재앙이었습니다. 이스라엘 백성들은 어떻게 해서 마지막 재앙을 이겨 냈습니까?

—출12:1-14

Tip 이스라엘 백성은 열 번째 죽음의 무서운 재앙을 피하기 위하여 하나님이 제시하신 유월절을 지킵니다. 지금도 이스라엘 백성들은 이것을 기념하여 대대로 유월절을 지키고 있습니다. 유월절에 양의 피를 각 집의 문설주에 바르는 것은 구원의 상징입니다. 구원은 집단적이 아니라 개인적입니다. 유월절에 이스라엘 백성들은 각 가족대로 그 가족을 위하여 어린 양을 취했습니다. 장자는 가족 중에 한 사람만 있습니다. 그 가정의 문지방에 어린 양의 피가 발라져 있을 때 죽음의 사자가 넘어가게 됩니다.

"내가 피를 볼 때에 너희를 넘어가리니 (유월) 재앙이 너희에게 내려 멸하지 아니하리라"(출12:13).

죽음은 인간의 힘으로 해결할 수 없는 것으로 오직 어린 양의 피가 있는 가정만 죽음에서 해방될 수 있습니다. 유월절의 어린 양은 예수 그리스도를 상징합니다. 오늘 나에게도 예수 그리스도의 피가 없으면 영원히 죽게 됩니다. 죄를 지은 인간은 하나님의 영원한 심판을 면치 못합니다. 그러나 어린 양의 피인 예수님의 피가 있으면 우리는 하나님의 심판에서 제외됩니다. 하나님의 구원은 오직 피를 보고 넘어갑니다. 아무리 인간의 행위가 바르고 선한 양심을 가지고 있어도 그것이 우리의 죽음을 해결하지는 못합니다.

말씀과 삶

1. 나에게 있는, 하나님의 말씀에 대해 습관적으로 불순종하는 부분을 말해 보십시오.

2. 십자가의 피를 믿지 않음으로 구원받지 못한 이웃 가정을 바라보면서 내가 해야 할 일은 무엇입니까? 나는 십자가의 피를 통해 구원받음을 얼마나 감사하면서 살고 있습니까?

저자 **이대희 목사**

장로회신학대학교 신학대학원(M.Div)과 연세대학교 연합신학대학원(Th.M)을 졸업하고 에스라성경대학원대학교에서 성경학박사(D.Liit) 과정을 마쳤다. 예장총회교육자원부 연구원과 서울장신대 교수와 겸임교수를 역임했으며, 분당에 소재한 대안학교인 독수리 기독중고등학교에서 청소년에게 성경을 수년 동안 가르쳤다. 극동방송에서 〈알기 쉬운 성경공부〉 〈기독교 이해〉 〈크리스천 가이드〉 〈전도왕백서〉 〈습관칼럼〉 등 신앙양육 프로그램을 진행했다. 저자는 성경공부와 성경교육 전문사역자로 지난 25여 년 동안 성서사람·성서교회·성서한국·성서나라의 모토를 가지고 한국적 성경교육과 실천사역을 위한 집필과 세미나, 강의사역 등을 하고 있다. 현재 바이블미션 대표와 예즈덤성경교육원 원장, 꿈을주는교회 담임목사로 있다. 저서로는 『30분 성경공부』 시리즈, 『아름다운 십대 성경공부』 시리즈, 『투데이 성경공부』 시리즈, 『틴꿈십대 성경공부』 시리즈, 『인성과 창의력을 중시하는 유대인의 탈무드식 자녀교육법』, 『이야기대화식 성경연구』, 『성품성경공부』 시리즈, 『맛있는 성경공부』, 『맥잡는 기도』, 『전도왕백서』, 『자녀 축복 침상 기도문』, 『누구나 쉽게 배우는 쉬운 기도』, 『예즈덤 성경영재교육』, 『크리스천이여 습관부터 바꿔라』 등 200여 권의 저서가 있다.
e-mail: ckr9191@hanmail.net

성경, 한눈에 쏘옥~

틴~꿈 십대성경공부 | 성경개관 시리즈 1-성경파노라마 구약1

초판1쇄 발행일 | 2009년 1월 5일
초판8쇄 발행일 | 2018년 2월 12일

지은이 | 이대희
펴낸이 | 김학룡
펴낸곳 | 엔크리스토
마케팅 | 이동석, 유영진
관리부 | 신순영, 정재연, 박상진, 김정구, 이건민

출판등록 | 2004년 12월 8일(제2004-116호)
주 소 | 경기도 고양시 일산동구 장대길 74-10
전 화 | (031) 906-9191 팩 스 | (0505) 365-9191
이메일 | 9191@korea.com
공급처 | 기독교출판유통

* 이 교재의 사용방법 · 내용 · 교육 · 강의와 세미나에 대한 문의는 예즈덤성경교육원(02-403-0196, 010-2731-9078. http://cafe.naver.com/je66)으로 해주세요. 카페에 각과 내용에 대한 동영상 강의 자료가 있습니다. 참고하시기 바랍니다. 매주 월요일에 엔크리스토 성경대학 지도자 훈련코스가 있습니다(개관반 · 책별반 · 주제반 · 성경영재교육반). 1년에 4학기(봄, 여름, 가을, 겨울)로 운영됩니다.

엔크리스토 성경 공부 양육 교재

투데이 성경공부

평생 성경공부할 수 있도록 구성한 시리즈. 주제별로 구성되어 있어 각 교회의 상황에 맞게 커리큘럼을 재구성하여 사용할 수 있다.

101 신앙기초(전 9권 완간) | 201 예수제자(전 9권 완간) | 301 새생활(전 12권 완간)
601 성경개관(전 10권 완간) | 401 · 501 · 701 발간 예정

30분 성경공부

신앙생활의 기초를 다루었으며 신앙의 전체 그림을 그릴 수 있는 2년 과정의 소그룹 성경교재다. 성경공부를 시작할 때 사용하면 효과적이다.

믿음편 | 기초 · 성숙　생활편 | 개인 · 영성 · 교회 · 가정 · 이웃 · 일터 · 사회 · 세계
성경탐구편 | 창조시대 · 족장시대 · 출애굽시대 · 광야시대 · 정복시대/사사시대 · 통일왕국시대 · 분열왕국시대 · 포로시대/포로귀환시대 · 복음서시대1 · 복음서시대2 · 초대교회시대 · 서신서시대

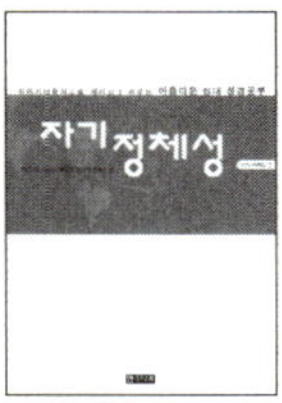

아름다운 십대 성경공부

십대들이 꼭 알아야 할 성경의 핵심내용과 기독교적 가치관, 세계관을 정립하는 데 필요한 핵심주제를 담고 있으며, 3년 과정으로 구성되었다.

101 자기정체성 · 복음 만남 · 신앙생활 · 멋진 사춘기 · 예수의 사람(전 5권)
201 가치관 · 믿음뼈대 · 십대생활 · 유혹탈출 · 하나님의 사랑(전 5권)
301 비전과 진로 · 신앙원리 · 생활열매 · 인생수업 · 성령의 사람(전 5권)

책별 성경공부

성경 전체 66권을 각 권별로 자유롭게 선택하여 사용할 수 있는 성경공부.
성경 전체를 체계적으로 연구할 수 있다.

창세기 1 · 2 · 3 · 4, 느헤미야, 요한복음 1 · 2, 로마서, 에스더, 다니엘, 사도행전 1 · 2 · 3
(계속 발간됩니다)

*지도자를 위한 지침서

- 이야기대화식 성경연구 | 이대희 지음 | 10,000원
- 인도자 지침서(십대 성경공부 101시리즈) | 이대희 지음 | 10,000원
- 인도자 지침서(십대 성경공부 201시리즈) | 이대희 지음 | 10,000원
- 인도자 지침서(십대 성경공부 301시리즈) | 이대희 지음 | 10,000원
- 인도자 지침서(30분 성경공부 믿음편 기초, 성숙 | 생활편 개인, 교회) | 이대희 지음 | 10,000원

성서사람 · 성서교회 · 성서한국 · 성서나라를 꿈꾸는 **엔크리스토 성경대학**을 소개합니다!

특 징

성경 66권을 쉽고 재미있게, 깊이 있게 배우면서 한국적 토양에 맞는 현장과 삶에 적용하는 한국적 성경전문학교

모집과정(반별로 2시간씩이며 선택 수강 가능)

- 성경주제반: 성경의 중요한 핵심 주제를 소그룹의 토의와 질문을 통하여 배운다.(투데이성경공부/30분성경공부)
- 성경개관반: 66권의 성경 전체의 맥과 흐름을 일관성 있게 잡아준다.(잘 정리된 그림과 도표와 본문 사용)
- 성경책별반: 66권의 책을 구약과 신약 한 권씩 선정하여 워크숍 중심으로 학기마다 연구한다.(3년 과정)

모집대상

목회자반/ 신학생반/ 평신도반(교사, 부모, 소그룹 양육리더, 구역장, 중직)

시 간

월요일(오전 10시 30분~오후 5시 30분/ 개관반 · 책별반 · 주제반)

수업학제

겨울학기 : 12~2월 | 봄학기 : 3~6월 | 여름학기 : 7~8월 | 가을학기 9~11월
(자세한 내용은 홈페이지 참조 요망. 학기마다 사정에 따라 일자가 변경될 수 있음)

수업의 특징

- 이야기대화식 성경연구방법으로 12주(3개월 과정) 진행
- 전달이나 주입식이 아닌 성경 보는 눈을 열어주고 경험하게 하면서 성경의 보화를 스스로 캐는 능력을 터득하게 하는 방법을 지향하며 소그룹 워크숍 형태로 진행

강사 : 이대희 목사와 현직 성서학 교수와 현장 성경전문 강사

장소 : 바이블미션
서울시 송파구 가락동 96-5(지하철 8호선 가락시장역)

신청 : 개강 1주일 전까지 선착순 접수(담당 : 채금령 연구간사)

문의 : 바이블미션-엔크리스토 성경대학(016-731-9078, 02-403-0196)
(홈페이지 www.bible91.org)